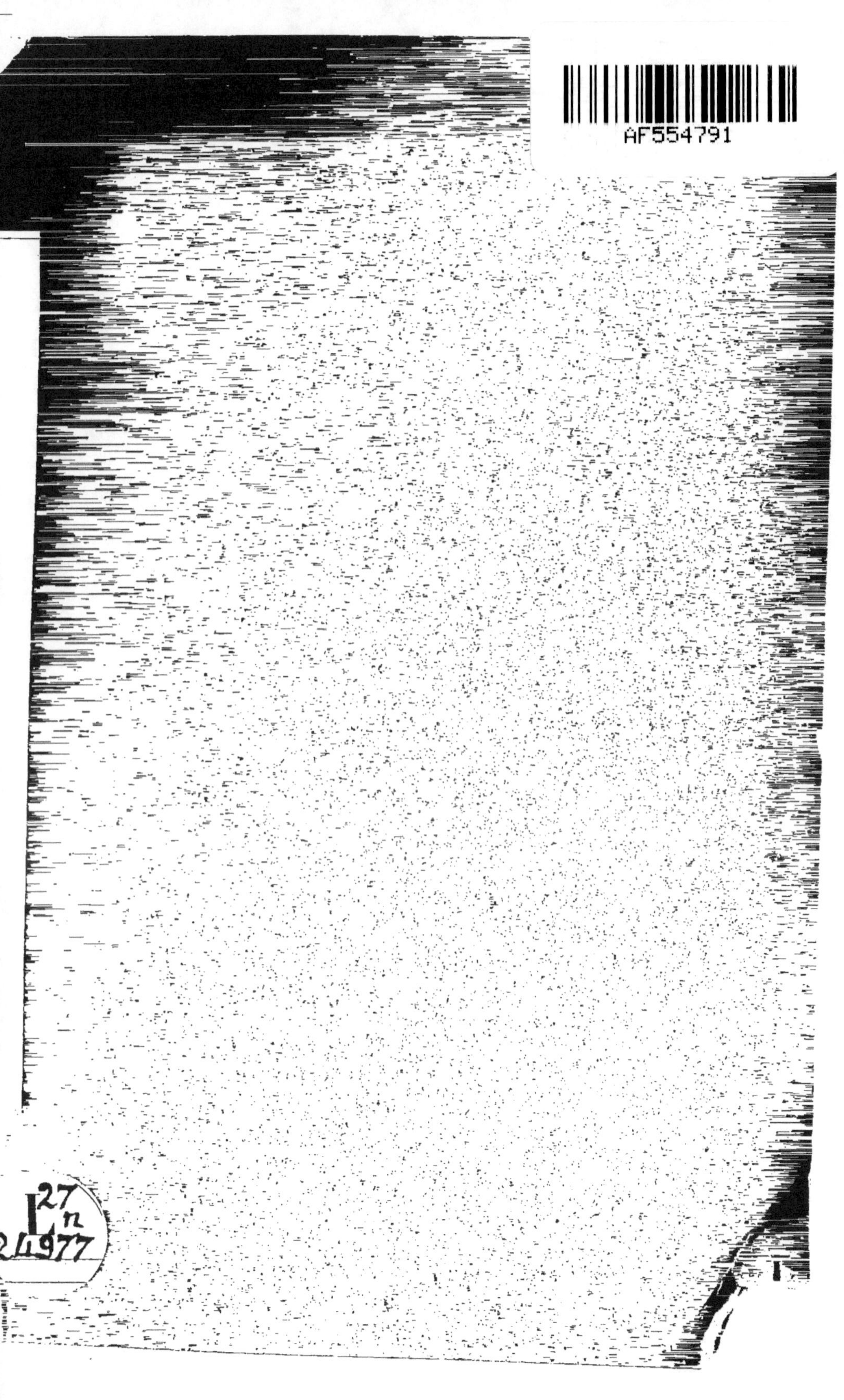

RÉSUMÉ ET COMPLÉMENT

D'UNE

ÉTUDE BIOGRAPHIQUE

SUR

A. THOUREL

PAR

MARCELLET

MARSEILLE
TYPOGRAPHIE ET LITHOGRAPHIE H. SEREN
Quai de Rive-Neuve, 3,

1869

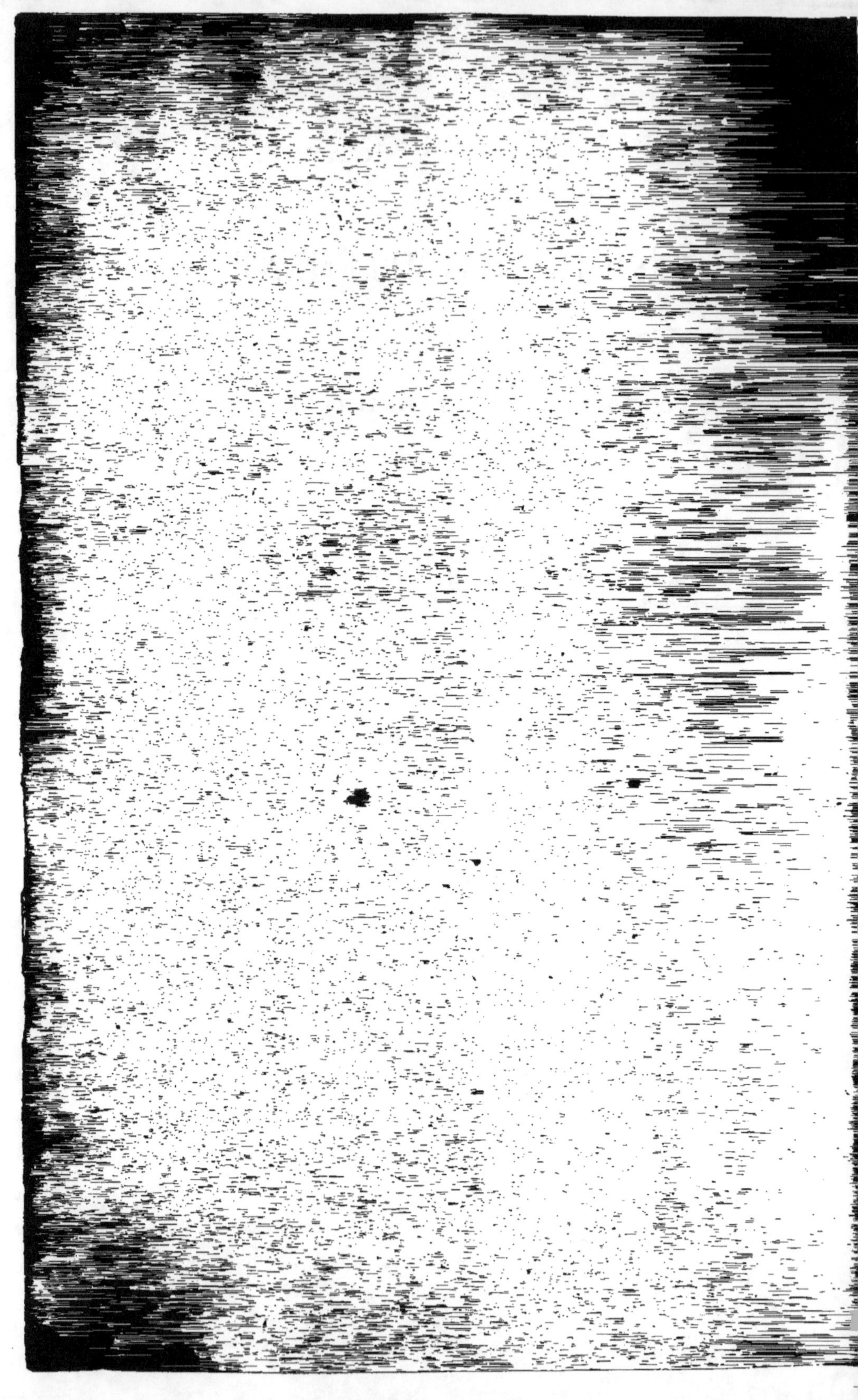

Lith H. Seren.

RÉSUMÉ ET COMPLÉMENT

D'UNE

ÉTUDE BIOGRAPHIQUE

SUR

A. THOUREL

I

Nous n'hésitons pas à le proclamer, le nom de Thourel est, à Marseille et dans nos contrées, le premier dans la classe des orateurs. Il jouit de toute la puissance de sa renommée et nul ne lui conteste une supériorité légitimement acquise dans l'art de la parole.

Sa gloire est établie par des titres nombreux et irrécusables.

Thourel est grand et fort. Sa marche lente se ressent des fatigues de l'esprit. Sa figure est belle, expressive : le front haut, un nez droit et bien dessiné; ses yeux, encadrés d'épais sourcils, sont d'une vivacité remarquable et réfléchissent le caractère sérieux et ardent de son intelligence ; ses cheveux, jadis rouges, aujourd'hui d'un blond argenté, abondants et frisés, donnent à sa physionomie un cachet de noblesse qui répand un certain charme sur toute sa personne. Sa tête est celle d'un tribun, il y a là du Mirabeau, qu'on en juge par son portrait.

Causeur aimable et spirituel, savant jurisconsulte, puissant orateur, Thourel a sa place marquée dans le

grand barreau français, où brillent d'un éclat incomparable les Berryer, les Jules Favre, les Crémieux, ces princes immortels de la parole.

C'est que plus d'une fois Thourel a livré à ces géants illustres, qui font l'admiration du siècle, des combats oratoires où il a su cueillir sa large part de lauriers.

Au moment où le vœu de ses concitoyens semble l'appeler à remplacer son père au palais législatif, nous avons tenu à honneur de résumer et de compléter en quelques pages l'étude que, sous le pseudonyme de DIOGÈNE, nous avons publiée sur lui en 1867, dans notre galerie des avocats marseillais les plus éminents, les Aycard, les Onfroy, etc.

MARCELLET.

II

Thourel (Albin) est né à Montpellier le 6 octobre 1800, d'un père biterrois, membre fructidorisé du Conseil des Cinq Cents sous la première République, et mort, en 1834, président à la cour de Nîmes et officier de la Légion-d'Honneur, laissant la plus belle réputation de savoir, de talent et d'impartialité.

Son frère, Thourel (Léon), procureur général à Nîmes, a pris sa retraite en 1863. Pendant sa longue et difficile carrière, il n'a cessé d donner des preuves de fermeté, d'indépendance et de capacité ; il est commandeur de la Légion-d'Honneur.

Albin Thourel a été élevé à la campagne par les soins d'un précepteur et n'a jamais fréquenté les écoles publiques. Son excellent père lui donnait aussi quelques leçons de grec, de latin et de droit; il lui faisait même apprendre par cœur les *Institutes de Justinien.*

Le jeune Albin, doué d'une prodigieuse mémoire, fut bientôt prêt à subir son examen de bachelier et en obtint le diplôme en 1815. Il suivit pendant deux ans les cours de l'Ecole de Médecine et partit ensuite pour aller faire son droit à Aix.

Passant brusquement de la vie de famille à celle de l'école, on le vit partout... hors à la Faculté. A Paris, il ne se montra pas plus studieux. Il revint à Aix et fit de même. Aussi ne parvint-il à subir ses examens et à devenir licencié, en 1823, que par des tours de force mnémoniques.

Sa santé ayant souffert, le jeune Thourel était peu disposé à un travail sérieux. Ses débuts au barreau de Nîmes, tout en révélant chez lui beaucoup d'imagination, portèrent sa famille à juger que, physiquement et intellectuellement, il ne pourrait soutenir avec succès les luttes de la barre.

Thourel revint à Paris sans s'arrêter à la pensée de suivre une carrière déterminée. Il s'essayait dans le journalisme et, à ses heures de loisir, allait entendre nos grands orateurs de la tribune et du barreau.

En 1827, une circonstance fortuite et des relations de société le firent appeler à Bruxelles à l'occasion d'un procès important (Grignon contre Baudoin). Son ardeur juvénile et son dévouement le firent charger de la plaidoirie. Sa qualité de français lui interdisant la parole, le jeune avocat recourut à S. M. Guillaume Ier qui lui accorda une dispense d'études et l'autorisa à passer ses examens à l'Université de Louvain. Il y courut, et dix jours étaient à peine écoulés qu'il revenait avec le diplôme de docteur, après avoir subi sa thèse qui avait pour titre : *De la liberté et de l'égalité des citoyens devant la loi, d'après les constitutions française et belge.* Il prêta serment, plaida et...gagna son procès.

Ses principes démocratiques datent de loin.

De retour à Paris, il commença à s'occuper un peu plus sérieusement de son état — succès oblige — non sans se livrer à des travaux de polémique politique et de littérature.

De 1828 à 1830, il plaida un grand nombre d'affaires criminelles soit à Paris soit à Versailles, où il se rencontrait avec MM. Pinard, Landrin père et Marie, notre député.

Q'il nous soit permis de rappeler ce que nous racontait avec infiniment d'esprit, il y a peu de temps, un illustre compatriote mort récemment, et que les lettres ont pleuré : (*)

« Albin, nous disait-il, était de tout un peu. Aux « trois glorieuses (style de l'époque), je le rencontrai « près de son logis, rue de Chartres, 8, ramassant des « blessés et rasant des moustaches sur des têtes « qu'il sauvait. On peut lire dans les journaux du temps « que 16 gardes royaux et un capitaine du 6me de la « garde blessés, ont été recueillis et sauvés par ses soins « et ceux de son portier Mollet. Il fut décoré de Juillet. « Il écrivait dans le *Mouvement*, feuille radicale et ins- « pirée par Pagès de l'Ariége. Je voyais de lui, aux éta- « lages des libraires, une épître à Lafayette, en vers

(*) Joseph Méry.

« Brocard, et il me condamna à ouïr la lecture d'un « vaudeville spirituel, mais mal bâti... comme Esope.

« En même temps je lisais dans les journaux judi-« ciaires le compte-rendu des débats d'un procès im-« portant (Devaux et Lelièvre contre Lecoq) où il por-« tait la parole contre Me Delangle, et j'apprenais qu'il « venait de faire paraître, sur une des questions les « plus graves du droit commercial, un mémoire si re-« marquable, que l'arrêtiste Dalloz lui avait fait les « honneurs de l'impression dans son recueil (d. p. 1831, « 1, 34) ou on le retrouvera.

« J'eus la curiosité de le lire, et je me dis après : là « est sa voie ».

Ses opinions avancées et ses articles, trop hardis pour l'époque, firent qu'on n'eut pas à s'étonner de le trouver, à la fin de 1831, refugié à Genève. Il y fut reçu avec empressement par cette pléiade d'hommes d'esprit qui avait fondé le *Journal de Genève*, les Chapponnière, les Cougnard, les Petit Senn, les Gosse, les Mayor, les Humbert, etc. Là, il comprit les nécessités de sa position. L'heure des études profondes et des travaux sérieux avait sonné pour lui. Aussi, sans abandonner ses principes ni sa plume de journaliste, s'imposa-t-il quatorze heures de travail quotidien. Il ouvrit des cours publics fort suivis et consacra surtout ses veilles aux trois volumes de sa belle *Histoire de Genève* que l'on trouve souvent citée dans l'ouvrage de notre illustre compatriote Mignet sur la *Réforme*.

En 1834, il concourut pour une chaire de professeur extraordinaire de littérature française à la nouvelle Université de Berne et l'obtint. Dix mois après, il fut nommé professeur ordinaire à la Faculté de Droit et se trouva ainsi placé au degré le plus élevé de la hiérarchie universitaire; lui le plus jeune de ses 48 collègues, à côté des Schnell, des Herzog, des Troxler et de tant d'autres savants de premier ordre.

Ses cours publics de littérature et d'histoire avaient eu un tel succès que, dans ses lettres patentes de professeur ordinaire en droit, il lui fut imposé de donner quelques leçons publiques sur ces matières.

La maladie grave et mortelle de sa fille unique qu'en 1837, il avait amenée aux bains de mer de Marseille, et pour laquelle le célèbre professeur Demmé, père de celui qui a obtenu une si triste célébrité, avait ordonné les eaux de Guagno, en Corse, l'amena à Toulon avec un congé, en juillet 1838. Sa fille s'y trouva si cruellement atteinte par la maladie, qu'il dut renoncer à son embarquement projetté pour le jour même. Sa femme elle même dut s'aliter et ne se releva de sa maladie nerveuse, suite de ses fatigues et de ses chagrins, que près de deux ans après. Il dut dès lors se démettre du professorat et demander à la barre toulonnaise une compensation à sa belle position si généreusement sacrifiée à ses devoirs d'époux et de père.

Son début à Toulon offrit quelque chose de bizarre et d'imprévu. Visitant pour la première fois le palais de justice, il y avait suivi un sien ami, M. de Vallavieille, administrateur des établissements de bienfaisance, qui allait présenter quelques observations, dans un procès important, au profit de l'œuvre, contre un des juges du siége. — Pendant la plaidoirie de l'avocat adverse, Thourel communiquait ses impressions à son ami et lui indiquait les moyens de la réfuter victorieusement. — Celui-ci, frappé de la justesse de ses arguments, lui proposa d'endosser la robe et de plaider lui même la cause des pauvres.

Thourel n'eut garde d' refuser. Il reparut en costume, le dossier à la main, se fit présenter au tribunal et plaida si brillamment et si complétement sa cause — excellente d'ailleurs — que M. Vaïsse, alors procureur du roi à Toulon, et le tribunal tout entier en furent frappés.

A la suite de ce singulier début, une délibération spéciale le fit avocat honoraire des établissements charitables.

Malgré les préventions que certains esprits étroits avaient cherché à soulever contre lui à cette occasion, le succès le plus complet couronna ses efforts et fut suivi de bien d'autres.

Pendant sa belle et fructueuse postulation de 1838 à 1850, deux fois il fut élu bâtonnier de l'Ordre.

Après la révolution de Février, il devint conseiller municipal et membre du conseil général du Var.

Il occupa dans ces deux assemblées une place éminente. C'est à l'énergie de Thourel que l'on doit le

Répondant avec le plus complet désintéressement à l'appel des accusés dans la grande affaire de l'insurrection de Marseille, cités à comparaître devant la cour d'assises de la Drôme, il alla s'installer à Valence pendant les deux longs mois que durèrent ces débats. Il y dirigea la défense avec le talent le plus remarquable. L'avocat ne fut jamais mieux inspiré, et sa plaidoirie, qui ne dura pas moins de neuf heures dans une même journée, est restée dans la mémoire de tous les auditeurs, comme un modèle de dialectique, d'ordre, de lucidité et de puissance oratoire.

A son retour il plaida à Marseille avec un grand succès la cause de La Ponneraye, rédacteur de la *Voix du Peuple* contre l'insulteur Rastet et divers journaux. Il y fut l'objet d'une véritable ovation et gagna son procès ; mais il eût la douleur, en allant embrasser son client alors alité, de le trouver agonisant ; le choléra l'enleva le lendemain, et l'on se rappelle les dix mille citoyens qui suivirent le cercueil du courageux écrivain démocrate que la France regrette.

En 1850, il vint s'établir à Aix où il marqua bientôt sa place parmi les avocats les plus distingués de cette barre si riche en grands talents ; il nous suffira de nommer les Guieu, les Tassy, les Arnaud, les Roux.

Malheureusement, ses ardentes plaidoiries dans les affaires politiques, et ses rapports avec les hommes les plus remarquables du parti avancé, le compromirent dans l'affaire dite *du complot de Lyon* qui se déroula devant le conseil de guerre. Dans les premiers temps de son incarcération, soumis à deux mois du secret le plus rigoureux, dans un cachot humide et glacé, il tomba dangereusement malade. Placé sous le même régime, de Noël, lieutenant d'artillerie, son co-prévenu, mourut d'un accès de fièvre chaude.

Imbert, de Marseille, objet des mêmes poursuites, et tenu au secret, dans les mêmes conditions, mourut aussi d'un accès de goutte remontée. Plus de six mille lyonnais vinrent recevoir sa dépouille mortelle à la porte de la prison de Roanne, et l'accompagnèrent au cimetière de Loyasse. Ils y marquèrent sa tombe ; mais, dès le lendemain, ces marques furent enlevées par ordre, et parut un arrêté du maréchal Castellanne, ordonnant que, désormais, trois cent citoyens seulement seraient admis à suivre le cercueil des mourants. — Thourel eut subi le même sort, si par son énergique intervention, sa femme n'eût obtenu sa translation dans une maison de santé, où il pût se rétablir, jusque au moment ou la cause ayant été déférée au conseil de guerre, il dût rentrer à Roanne. Deux ans d'emprisonnement préventif où répressif ne le rendirent à la liberté qu'en août 1852, et à la barre qu'en décembre de la même année.

Ne pouvant, dans ce court résumé, donner les extraits les plus remarquables des plaidoiries de Me Thourel, qui figurent dans notre étude de 1867, nous nous bornerons à rappeler de courts passages, propres à donner une juste idée de la noblesse de son caractère, de la spontanéité de ses inspirations et de l'énergie de son attitude dans les affaires criminelles et politiques.

En 1849, au cours des débats d'une affaire criminelle que Thourel plaidait devant la Cour d'assises des Basses-Alpes, se produisit un incident des plus curieux et des plus propres à faire éclater l'élévation de ses sentiments et la générosité de son caractère.

J'en trouve le récit dans un journal judiciaire, et un témoin l'a rappelé devant le conseil de guerre de Lyon.

Il défendait un nommé Escudier, accusé d'avoir séduit la femme d'un sien parent portant le même nom et d'avoir ensuite assassiné ce dernier.

L'accusé avait fait compter à Thourel fr. 1500 empruntés à cet effet sur ses immeubles par acte public.

Les dépositions des témoins à la première audience produisirent des charges accablantes contre Escudier : l'adultère, le meurtre et la préméditation y furent établis, précédés et accompagnés de détails révoltants. Une déclaration surtout émut profondément l'auditoire, celle de la mère de la victime, pauvre septuagénaire aveugle. Quand elle entendit la voix de l'accusé, elle ne put contenir les élans de son désespoir et s'écria avec des accents déchirants : *Scélérat, tu as égorgé mon fils ! Qui donc donnera du pain à ses deux pauvres enfants dont tu as perverti la Mère ?...*

Le lendemain, à l'ouverture de l'audience, la salle était comble et le public attendait les plaidoiries avec la plus vive et la plus anxieuse impatience.

sister sur l'emprunt qui y a subvenu, puisque l'acte en indique la cause, mais il y a plus ; ce matin à 5 heures, après avoir consulté Me Thourel, vous avez, en présence de témoins, consenti une donation de tous vos biens en faveur de vos deux freres, expliquez-vous.

L'accusé répond : Demandez à mon défenseur !

Il serait difficile, je crois, de se faire une juste idée du mouvement d'inquiétude qui se manifesta dans l'auditoire. Aussi le silence le plus religieux s'établit-il quand Thourel se leva et s'exprima à peu près en ces termes :

« Malgré ma résolution de tenir secrets des actes « qui défient toute incrimination, vous allez appren- « dre toute la vérité.

« Les charges relevées contre l'accusé et surtout la « déposition de la malheureuse mère d'Escudier dont « les larmes ont brûlé les yeux, m'ont plus profon- « dément ému que pas un de vous. Pendant une nuit « sans sommeil, je me suis dit que, si l'avocat a le droit « de se faire honorer en raison de sa position et de son dé- « placement, il est des circonstances où le désintéres- « sement lui est conmmandé.— Dès l'instant où il m'a « été démontré que mes honoraires pouvaient amoin- « drir le gage des pauvres orphelins et celui de la « justice, il ne me restait plus qu'un devoir à accomplir. « J'ai été plus loin, et après avoir restitué les fr. 1,500 « au prêteur, dont je fais passer la grosse acquittée à « la Cour, je me suis rendu à la prison, et là, j'ai fait un « appel au repentir de l'accusé, et je lui ai déclaré que « pour réparer autant qu'il était en lui le mal qu'il avait « fait, il devait s'associer à mon sacrifice et consen- « tir sur le champ une donation de tous ses biens en « faveur des deux jeunes enfants de sa victime.

« Il l'a fait, et voilà l'acte que l'on n'a pas craint de « signaler à la justice, plutôt encore contre l'avocat et « l'homme politique, que contre l'accusé ! !

« Vous n'avez pas su élever votre pensée jusque là, « et la similitude des noms et des prénoms des « orphelins avec ceux des frères d'Escudier vous a fait « supposer une indignité !

« Tels sont les deux actes qui m'ont permis de me « présenter à cette barre le front haut et la conscience

« tranquille. — J'aurai voulu les taire ; leur divulga-
« tion aura du moins servi à attirer quelque intérêt
« sur mon client. »

Qu'on juge de l'effet immense produit par cette double révélation, et combien Thourel dut grandir dans l'estime de tous ! Son client obtint l'admission, jusque là inespérée, des circonstances atténuantes.

On gardera longtemps à Aix, le souvenir presque légendaire, d'une de ses plus belles et de ses plus soudaines inspirations à la barre, dans l'affaire Darbon et Dangubich (banqueroute frauduleuse). Il allait terminer sa réplique dans cette grande cause, presque désespérée, lorsqu'on entendit sous les croisées de la salle d'audience la cloche du Saint-Viatique et le commandement de présenter les armes et de s'agenouiller, donné par le chef du poste de la maison d'arrêt. Il s'interrompt soudain et s'écrie :

« Entendez la sonnette chrétienne : C'est le minis-
« tre du Dieu vivant qui va porter les dernières
« consolations et les derniers sacrements à quelque
« agonisant prêt à paraître devant le juge suprême.
« Dieu, qui est infaillible dans sa justice, pardonne-
« ra peut-être à sa foi et à son repentir. Et vous, re-
« présentants de la justice humaine, vous, sujets au
« péché et à l'erreur, pourriez-vous vous tenir cer-
« tains de frapper des coupables et vous montrer im-
« pitoyables ?

« Ah ! puissiez-vous plutôt, en ce moment suprême,
« vous associer à la clémence de l'Eternel !!! »

Une émotion profonde saisit l'auditoire tout entier ; magistrats et jurés s'associèrent à sa pensée et les accusés furent acquittés.

De telles inpirations soudaines sont le propre des intelligences privilégiées et ne se produisent que chez les véritables orateurs, hélas ! si rares de notre temps.

Thourel, infatigable toutes les fois qu'il s'agissait de la défense de ses co-rélégionnaires politiques eut à présenter devant la cour d'assises de Vaucluse celle des jeunes gens de Cadenet, accusés de société secrète, et quelques-uns d'avoir tiré un coup de pistolet au commissaire de police. — Voici en quels termes le *Démocrate de Vaucluse* rendait compte des débats de cette affaire :

« notre pays, tant par la vive réprobation qu'elle a « inspirée à tous les honnêtes gens pour les procédés « réactionnaires de ce temps-ci, que par l'éloquente « plaidoirie de Me Thourel.

« Combien nous regrettons que l'absence de sténé« nographes nous prive du bonheur de rendre dans « toute leur vérité les nombreux et dramatiques in« cidents de cette grande solennité judiciaire! De « mémoire d'homme, l'enceinte de la cour d'assises de « Vaucluse n'avait retentit d'aussi émouvants débats. « Quiconque n'a pas entendu Me Thourel n'a aucune « idée de la puissance de la parole sur les cœurs et les « esprits. Quoique le ministère public eût exercé cinq « ou six récusations, Me Thourel n'a voulu récuser « aucun des jurés. Le puissant orateur était sûr d'ar« river droit à leur raison à travers tous leurs préjugés. « Son discours, qui a duré plus de trois heures, n'était « point une plaidoirie, c'était une sanglante flagellation « exécutée, au milieu de la foudre et des éclairs, sur « le dos flétri de la réaction, défendue par le ministère « public. Tout le monde, président, juges, jurés, audi« toire, était fasciné, haletant, sous cette magnifique « explosion de toutes les puissances oratoires. Cinq « fois des applaudissements frénétiques ont éclaté, « et le président lui-même, dans son résumé, n'a pu « s'empêcher de rendre une éclatante justice à l'ad« mirable talent de Me Thourel. »

Entre temps il plaidait avec la même verve et le même succès l'affaire Bouisson à Digne, les nombreux procès de la *Voix du Peuple* à Aix, etc.

Impliqué comme nous l'avons dit, dans l'affaire du *Complot de Lyon*, il dut, après un long emprisonnement préventif, comparaître devant le conseil de guerre avec ses cinquante-six coaccusés.

Son attitude ferme, digne et loyale, y fut remarquée. On sait que les accusés prirent la résolution de ne pas se défendre, Thourel y adhéra, mais au moment où le président lui posa la question ordinaire, s'il n'avait rien à dire, Thourel se leva et, d'une voix énergique et solennelle, il adressa au conseil cette fière allocution que nous prenons dans les journaux du temps.

« Un sentiment profond et partagé a rendu muette « la voix éloquente et amie qui devait me défendre, « je me tairai donc. Je n'en suis pas moins convaincu « qu'en hommes indépendants et libres, dont la cons- « cience ne relève pas de l'état de siége, vous vous « souviendrez en ce moment solennel que toute jus- « tice émane de Dieu, et que vous la rendez au nom du « peuple souverain, sous les drapeaux de la Républi- « que !!! »

Ces paroles produisirent un effet indescriptible, et le souvenir en est resté vivace dans la population lyonnaise.

Thourel reprit sa place à la Cour d'Aix, en présence d'une magistrature qui lui fit le plus brillant accueil. Par un hasard singulier, la première cause dans laquelle il eût à porter la parole, après sa sortie de prison, fut une affaire de presse poursuivie par le ministère public devant le tribunal correctionnel de Béziers, son pays d'origine, contre son cousin, Louis Domairon, M. Vial, écrivain et Mlle Paul, imprimeur, à l'occasion d'articles publiés dans l'*Indicateur*, sur la culture de la vigne et l'*oïdium*. — Thourel, dans sa plaidoirie s'éleva à une grande hauteur et montra une incontestable supériorité, tant au point de vue des lois sur la presse, de leur esprit et de leur portée, qu'à celui des principes de l'économie politique. Le tribunal, convaincu par l'orateur, et obéissant à un libéralisme éclairé, acquitta tous les prévenus.

Deux ans après, il revint à Béziers plaider une cause identique, avec le même succès.

Depuis lors il est souvent allé plaider devant le même tribunal, et sa réputation n'a fait qu'y grandir.

Sa postulation fut alors laborieuse et des plus brillantes. Il plaida devant les cours d'Aix, d'Alger, de Bastia, de Nîmes, etc., une infinité de belles et grandes affaires civiles, criminelles et politiques où il put déployer son talent sous toutes ses faces et conquérir une position de fortune tout à fait indépendante.

Ce que l'on remarqua avec bonheur, c'est que dès sa rentrée au barreau, Thourel, sans ressentiment comme sans faiblesse, reprit sa place à la barre dans les affaires politiques, et nous le trouvons à Draguignan en 1863, , assis au banc de la défense, où il était appelé par les démocrates de la Garde-Frainet, Pons, vant les assises.

Tous les accusés, dont la plupart avaient été ramenés d'Afrique où ils subissaient la transportation, furent acquittés par le tribunal et par le jury. On assure que Thourel se surpassa dans sa double plaidoirie, mais elle n'a pas été recueillie, et il n'en est resté dans le souvenir des auditeurs qu'une seule phrase bien hardie pour l'époque à laquelle elle a été prononcée, — un avocat du pays nous l'a donnée.

M. l'avocat général, discutant les statuts de la société des Bouchonniers, fondée et administrée par les accusés, s'était élevé avec force contre l'épigraphe : *liberté*, *égalité*, *fraternité*.

Dans sa réplique, Thourel, après avoir lavé ses clients des reproches violents et des accusations injustes dont ils étaient les objets, s'écria : « Pourquoi « donc s'est-on élevé avec tant de passion et de sévé- « rité contre la devise républicaine : liberté, égalité, « fraternité ? Est-ce parce qu'elle a été adoptée par « des hommes égarés qui n'en comprenaient pas la « portée et la sainteté, et en faisaient abus ? Quel est « le programme politique qui n'ait pas été le pré- « texte de déplorables erreurs. Quant à cette devise, « on a pu l'effacer des drapeaux de la France, on la « retrouvera toujours dans l'Evangile et dans le « cœur du peuple. »

Depuis qu'il s'est fixé à Marseille, Thourel a presque entièrement abandonné la plaidoirie, et ne se charge plus que des grandes causes, soit à Marseille, soit à Aix, soit devant d'autres Cours. Il n'a jamais refusé son concours gratuit en matière de presse et dans les affaires politiques, où son éloquence vraiment tribunitienne se manifeste avec le plus d'éclat.

En 1864, dix membres du Conseil municipal venant à manquer on dût les remplacer, et Thourel fut au nombre des élus, tous présentés par l'opposition, mais devant rester en minorité au sein de l'ancien Conseil. Il parvint cependant à y faire adopter diverses mesures importantes. Ainsi il obtint que désormais le compte administratif du Maire et le projet de budget, dont la présentation était toujours tardive, devraient être soumis au Conseil dans les délais prescrits, imprimés et distribués à chacun de ses membres huit jours avant leur mise en discussion.

Vainement il appela le Conseil à faire respecter sa dignité et ses droits méconnus par M. le Sénateur de Maupas, qui avait, sans prendre son avis exigé par la loi, prononcé, par arrêté, la clôture d'un cimetière; l'ancienne majorité repoussa sa proposition. Il ne se tint pas pour battu, et soutenu par deux de ses collègues, avocats comme lui, il provoqua les propriétaires de tombes à se pourvoir au Conseil d'État, lequel par un arrêté fortement motivé, annula l'arrêté préfectoral pour abus d'autorité et excès de pouvoirs.

Son travail le plus sérieux pendant cette première année, et dont l'impression fut ordonnée, est sans contredit sa proposition sur la répartition de l'impôt mobilier et l'exonération de cet impôt au profit des loyers ne dépassant pas 300 francs.

Cette proposition si démocratique et si juste n'eût qu'un demi-succès; le Conseil fit procéder à la péréquation de l'impôt mobilier, mais il ajourna la grande mesure réparatrice du rachat des loyers, et les fr. 140,000 y affectés, suffisent à peine à racheter la quote personnelle même des millionnaires. On sait que grâce à no re pitoyable assiette de l'impôt, lorsqu'une commune veut racheter la taxe personnelle, qui pèse également et pour un même chiffre sur le pauvre et sur le riche, le fisc exige qu'elle soit rachetée pour les uns comme pour les autres.

Plus récemment, dans un rapport des plus savants, et dont l'impression a été aussi ordonnée, il a proposé, sans l'obtenir, la réfaction du cadastre de Marseille, qui terminé en 1829, quand cette ville avait 80,000 habitants, et encore en vigueur aujourd'hui qu'elle en a plus de 300,000, quant à la valeur imposable de tous les anciens immeubles, dont le revenu s'est accru dans d'énormes proportions, établit au préjudice de tous les édifices nouvellement construits ou reconstruits, et estimés à leur valeur actuelle, la plus criante inégalité.

Aux élections de 1865, il rentra au Conseil et s'y distingua encore dans toutes les discussions importantes. Il contribua au refus d'adresse à l'Empereur, lors de l'attentat de Berezowski, à l'annulation d'un traité onéreux, conclu par le Maire, pour un emprunt de neuf millions, réalisé plus tard, et directement, cières, à l'occasion desquelles le Maire reçut plus d'un blâme; et généralement à tous les débats élevés sur des questions d'instruction primaire, de travaux publics et d'administration. Il combattit surtout et sans se décourager le système des virements et de la violation des règles de la comptabilité municipale et des lois d'emprunt.

Dans l'une de ces récentes discussions, on l'entendit répondre à ses contradicteurs qui l'accusaient de traiter toutes ces questions plutôt comme un avocat qu'au point de vue pratique : *lorsque je suis entré dans cette enceinte, j'ai senti que pour accomplir dignement mon mandat je devais me livrer à une étude spéciale et nouvelle, et je vous le prouve par l'exactitude de mes calculs et de mes déductions financières. Je conseille à mes contradicteurs, qui, sous prétexte de nécessités imaginaires, violent toutes les lois de la matière, de devenir quelque peu jurisconsultes, ils en ont besoin.*

On trouve la preuve de ses progrès en ce genre, dans son beau travail sur une créance de près de huit millions qu'a la ville de Marseille contre l'Etat, question aujourd'hui pendante devant le Conseil. Son rapport a été imprimé et ses propositions ayant été adoptées, il fut le premier élu à l'unanimité, des trois membres du Conseil délégués à cet effet, pour aller à Paris, suivre cette affaire avec M. le Maire, qui n'en a jamais trouvé le temps.

M. Thourel, frappé de la lacune regrettable souvent signalée dans l'enseignement de nos Facultés de Droit, proposa dans un mémoire très-complet et véritablement entraînant, la création à Marseille d'une chaire d'*économie politique*. Il l'obtint du Conseil, mais la délibération resta plus d'un an inapprouvée. On disait en haut lieu que cette science n'etait pas suffisamment fondée et que son étude n'intéresserait pas le public. Thourel répondit à la façon de Galilée ; il fit cinq leçons publiques sur cette matière dans le grand amphithéâtre de la Faculté des Sciences. Elles obtinrent un tel succès, que la moitié des auditeurs ne pût y trouver place.

L'approbation fut donnée, et Marseille voit le savant professeur-doyen Cabantous, de la Faculté d'Aix, occuper cette chaire et réunir autour de lui un nombreux et brillant auditoire, tandis que toutes nos Facultés de Droit sont privées de cet enseignement.

Il y a un an, M. Thourel fut élu membre de l'Académie Impériale des Sciences, Lettres et Arts de Marseille, qui contient tant d'illustrations, dans tous les genres. Il y fut reçu le 17 avril 1868, et son discours sur Démosthènes et son temps, empreint des sentiments les plus démocratiques, et dont tous les journaux de l'époque ont fait un éloge sans réserve, fit retentir dans cette salle, d'ordinaire silencieuse et morne, de tels et si vifs applaudissements, qu'on a dit, avec quelque raison, que cette séance avait été une des plus brillantes de l'Académie depuis bien des années.

Il y a quelques mois, M. Thourel a été élu et réélu président de la *Ligue Marseillaise de l'Enseignement*, dont le comité compte des professeurs éminents, tels que les Clappier, ancien député, les Vessiot, les Delibes, les Villot, les Granet, les Barthelet, et tant d'autres.

Cet hiver, il a fait tous les dimanches un cours sur les principes généraux des contrats, et tout récemment, de très-intéressantes conférences sur Casimir Delavigne, Victor Hugo et Ponsard. Elles sont suivies par un auditoire d'élite, qui accueille le disert et savant orateur, avec un enthousiasme qui ne se lasse jamais.

Au mois de janvier dernier, après avoir dans ses deux plaidoiries successives pour le journal *Le Peuple*, l'une à l'occasion de la souscription Baudin, et dont la sténographie a eu tant de succès; l'autre, où il avait obtenu, le premier, de la Cour d'Aix, un très-remarquable arrêt qui refusait, par de puissants motifs de droit, tous favorables à la liberté de la presse, la suppression de ce journal (arrêt cassé depuis par la Cour suprême), il s'est définitivement retiré de la barre. Sur sa demande en omission du tableau, le Conseil de l'Ordre, par une délibération spéciale du 21 janvier, lui en a témoigné ses profonds regrets, en raison de ce que, pendant le peu d'années qu'il a appartenu au barreau de Marseille, *il l'a honoré par l'éclat de son talent et la dignité de son caractère* (Extrait de la délibération).

Peu de vies nous paraissent avoir été, jusqu'ici, aussi dignement remplies que celle de M. Thourel; et nous qui venons de l'entendre, il y a quelques jours, dans une de ses belles improvisations, nous nous sommes dit qu'il pouvait encore y ajouter de belles pages.

MARSEILLE. — Typ. et Lith. H. SEREN, quai de Rive-Neuve, 3.

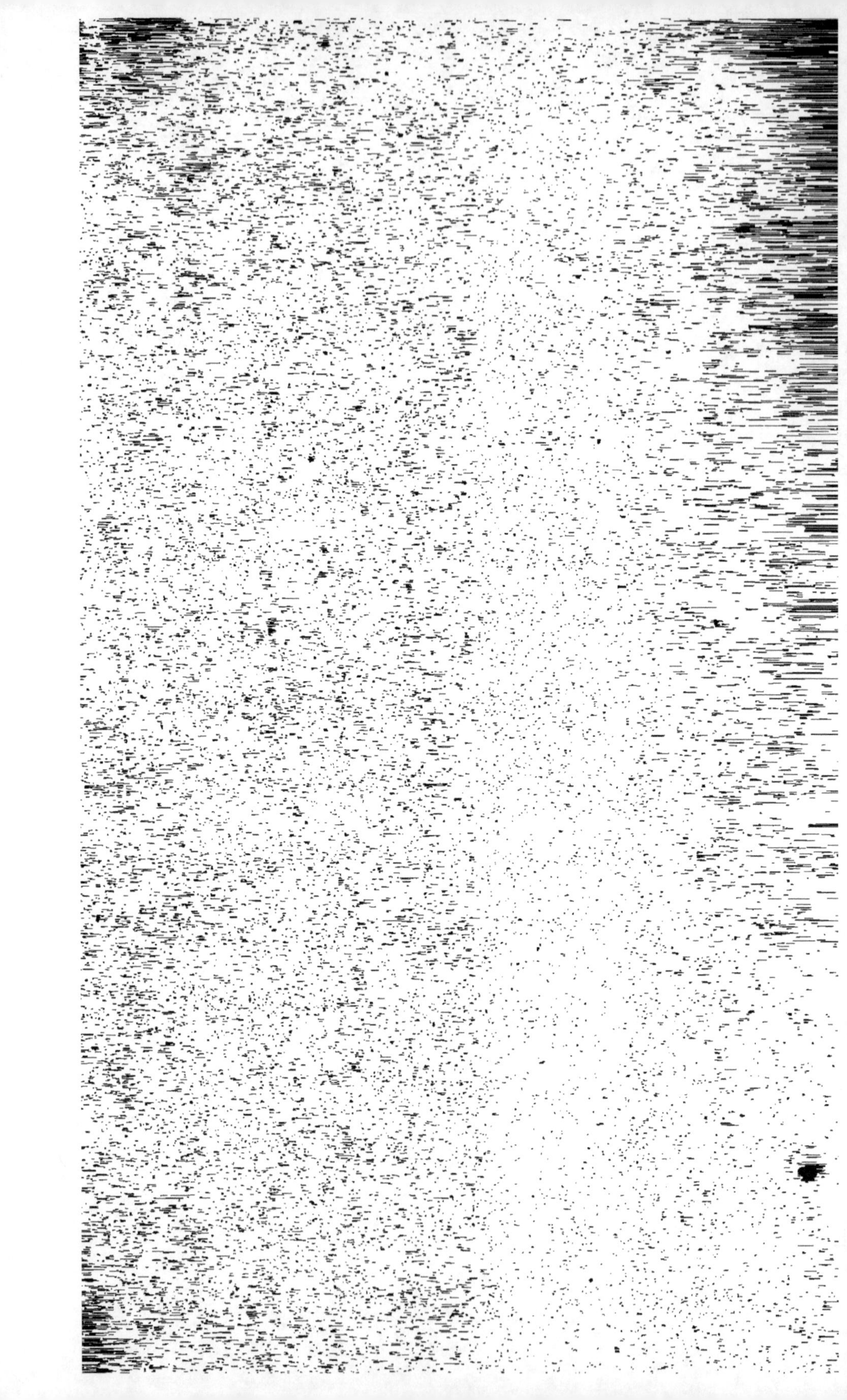

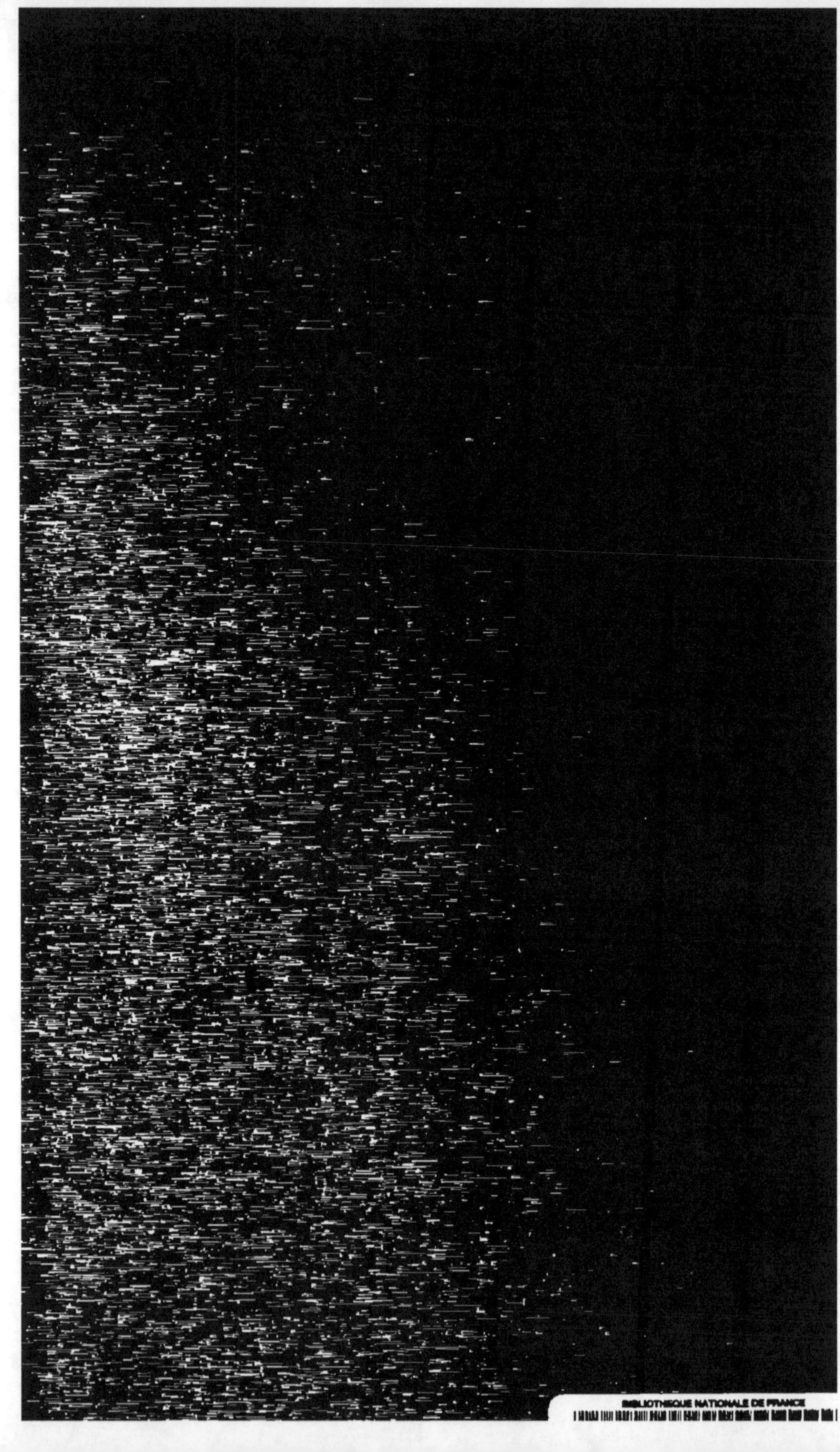

www.ingramcontent.com/pod-product-compliance
Lightning Source LLC
LaVergne TN
LVHW010409240826
846091LV00020B/2861

* 9 7 8 2 0 1 1 7 5 2 4 3 7 *